M0054449

Steffen Raßloff

Kleine

Geschichte

Thüringens

Trotz gewissenhafter Bearbeitung kann eine Haftung für den Inhalt nicht übernommen werden. Für aktuelle Ergänzungen und Anregungen ist der Verlag jederzeit dankbar.

Wir bedanken uns bei allen, die uns unterstützt haben.

Fotos: Seite 9: Lucas Cranach, in: Das Sächsische Stammbuch, 1546; Seite 12: Metilsteiner (CC-BY 3.0); Seite 15: Wolfgang Sauber (CC-BY-SA 4.0); Seite 16: Dietrich Krieger (CC-BY-SA 3.0); Seite 19: Thüringisches Landesamt für Denkmalpflege und Archäologie, Weimar; Seiten 24/25, 44/45, 52/53, 56, 90/91: Alexander Raßloff; Seite 26/27: Johann Gottfried Zeidler; Seite 28: Michael Sander (CC-BY-SA 3.0); Seite 30/31: Burghof Kyffhäuser (CC-BY-SA 4.0); Seiten 33, 37, 42/43, 46/47, 55, 66/67, 72/73: Dr. Lutz Gebhardt; Seite 34/35: Moritz von Schwind; Seite 41: Klemens Richert; Seite 49: Störfix (CC-BY-SA 3.0); Seite 58/59: Werner Tübke, Bauernkriegspanorama (Detail), VG Bild-Kunst, Bonn 2017; Seite 60: Manfred Müller; Seite 62: Bachhaus Eisenach (CC-BY 3.0); Seite 64/65: NoRud (CC-BY-SA 4.0); Seite 68/69: Vitold Muratov (CC-BY-SA 3.0); Seiten 71, 82/83: Dennis Gebhardt; Seite 76: Robert Sennecke; Seite 86/87: Heinz-Josef Lücking (CC-BY-SA 3.0); Seite 88/89: Universitätsgesellschaft Erfurt.

Rückseite: Wappen der Ludowinger und Wappen des Freistaates Thüringen

Der Autor Dr. Steffen Raßloff arbeitet als Historiker und Publizist in Erfurt.

Impressum

© 2017 RhinoVerlag Dr. Lutz Gebhardt & Söhne GmbH & Co. KG
Am Hang 27, 98693 Ilmenau
Tel.: 03677/46628-0, Fax: 03677/46628-80
www.RhinoVerlag.de

Alle Rechte vorbehalten.
Nachdruck, Vervielfältigung und Verbreitung – auch von Teilen – bedürfen der ausdrücklichen Genehmigung des Verlages. Das gilt insbesondere für Übersetzungen, Mikroverfilmungen und die Einspeicherung und Verbreitung in elektronischen Systemen.

Titelbild:	Thuringia Lantgraviatus, 1641; Hendrik Hondius
Layout, Satz:	Verlag *grünes herz*®, Sibylle Senftleben & Eric Vogler
Schrift:	Aldine401 BT
Titelgestaltung:	Jana Rogge, Weimar

1. Auflage 2017
ISBN: 978-3-95560-056-3

Inhaltsverzeichnis

Thüringen

Kleines Land mit großer Kulturgeschichte

Thüringen zählt unter den 16 deutschen Bundesländern eher zu den Kleinen. Mit gut 16.000 Quadratkilometern Fläche und 2,1 Millionen Einwohnern liegt es an 11. bzw. 12. Stelle. Umso größer ist freilich sein kulturgeschichtliches Erbe, das zum Teil Weltrang genießt. Mit Blick auf seine anderthalb Jahrtausende Landesgeschichte wird es oft als „kulturelles Herz Deutschlands", als „Kernland der Reformation", „Heimat der Bache", „Land der Klassik" und „Wiege der Moderne" bezeichnet. Darüber hinaus finden sich hier bedeutende Zeugen menschlicher Zivilisation bis hin zur frühen

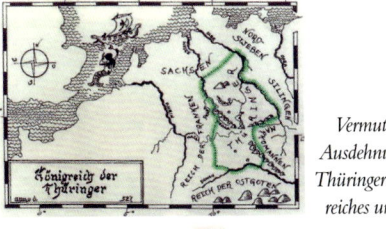

Vermutliche Ausdehnung des Thüringer Königreiches um 500

Altsteinzeit. Thüringen bietet zugleich zahlreiche Naturschönheiten vom Südharz bis zum Thüringer Wald mit dem berühmten Höhenweg Rennsteig, vom Weltnaturerbe Nationalpark Hainich bis zum „Thüringer Meer" der Saalestauseen. Man nennt es deshalb auch das „Grüne Herz Deutschlands". Jene einzigartige Kulturlandschaft ist auch ein beliebtestes Tourismusziel.

Das Land um die UNESCO-Welterbestätten Wartburg und Weimar, um die Wirkungsorte Luthers, Bachs, Goethes und des Bauhauses, war aber bis ins 20. Jahrhundert hinein kein einheitliches Staatsgebilde, sondern vielmehr Inbegriff deutscher Kleinstaaterei. Dies veranlasste die ältere Geschichtsschreibung, zwar die kulturellen Verdienste Thüringens für die deutsche Nation zu würdigen, zugleich aber dessen Zersplitterung zu geißeln. „Unsere Cultur verdankt ihnen unsäglich viel, unser Staat gar nichts." – so urteilte der preußische Historiker Heinrich von Treitschke 1882 über die Thüringer.

Die jüngere Historiographie ist von dieser Sicht abgerückt, hat auch bedeutende politische, gesellschaftliche und wirtschaftliche Innovationen für die Moderne herausgearbeitet. Und aus der Perspektive des zwischen 1920 und 1990 schrittweise vereinten Freistaates Thüringen überwiegt zudem das Positive: Fürstlicher Repräsentationsgeist bescherte dem „Land der Residenzen" prächtige Schlösser, Parks, Museen, Bibliotheken und Theater in einmaliger Dichte, machte es zum Synonym des Landes der Dichter und Denker. In dessen Mitte thront die Mittelaltermetropole und heutige Landeshauptstadt Erfurt.

Thüringen gilt also, auch wenn man dem heute durchaus positive Aspekte abgewinnt, als das Musterland der deutschen Kleinstaaterei. Das mittelalterliche Kaisertum war zugunsten der Regionalmächte bis hin zu deren faktischer Unabhängigkeit nach dem Dreißigjährigen Krieg 1618–1648 geschwächt worden. Einigen Gebieten besonders Südwest- und Mitteldeutschlands bescherte dies zahlreiche Herrscher auf engstem Raum. In Thüringen nahm die Zersplitterung extreme Formen mit zeitweise bis zu 30 staatlichen Gebilden an und hielt sich so lange wie in keiner anderen Region. Allerdings gab es zwei glanzvolle historische Bezugspunkte, die Thüringen über die Jahrhunderte der Kleinstaatenwelt hinweg im kollektiven Bewusstsein bewahrten: das Königreich der *Toringi* im 5./6. Jahrhundert sowie die sagenum-

Phantasiewappen des Thüringer Königreiches aus dem „Sächsischen Stammbuch", 1546

Wappen der Ludowinger

Wappen Freistaat Thüringen

wobene Landgrafschaft Thüringen der Ludowinger im 12./13. Jahrhundert. Hieran konnte das moderne thüringische „Nationalbewusstsein" anknüpfen. Das heutige Landeswappen des Freistaates greift diese „Einheit in der Vielfalt" heraldisch auf, indem es den rot-silber gestreiften ludowingischen „Thüringer Löwen" auf blauem Grund mit acht silbernen Sternen umgibt, die für die ehemaligen Kleinstaaten und preußischen Gebiete stehen.

Ur- und Frühgeschichte

Thüringen gehört zu den ältesten Kulturräumen menschlicher Zivilisation in Europa. Mit den ersten Gruppen der Urmenschen beginnend entstanden im Dunkel der schriftlosen Vorzeit namenlose, nur durch archäologische Funde fassbare Kulturen. Erste Relikte auf dem Gebiet des heutigen Freistaates gehen bis weit in die Altsteinzeit (Paläolithikum) zurück. Die zahlreichen Funde, zunächst vor allem die namensgebenden Steinwerkzeuge, werfen Schlaglichter auf das Leben unserer frühesten Vorfahren. Die wichtigsten sind im Museum für Ur- und Frühgeschichte Thüringens in Weimar zu sehen.

Unter den Fundorten ragt Bilzingsleben bei Kindelbrück deutlich heraus. Dort wurden unter einer Travertinschicht außergewöhnlich zahlreiche Überreste einer Gruppe altsteinzeitlicher Urmenschen (Homo erectus) von vor ca. 370.000 Jahren zu Tage gefördert. Der Homo erectus, aus dem sich unser Vorfahre Homo sapiens entwickelte, gilt als erste menschliche Art, die das Feuer benutzte, intensiv jagte und wie ein moderner Mensch lau-

fen konnte. Die Ausgrabungsstätte ist nach jahr-
zehntelangen Grabungsarbeiten mittlerweile auch
für Besucher erschlossen worden.

Gedenkstein der Ausgrabungsstätte Bilzingsleben

Die auf den Urmenschen folgenden Altmenschen und Jetztmenschen lassen sich ebenfalls in Thüringen nachweisen. Als wichtige Fundorte gelten Ehringsdorf, Taubach, Weimar-Belvedere und Ranis. Der entscheidende Schritt vom Jäger und Sammler zum Ackerbauern und Viehzüchter vollzog sich in der Jungsteinzeit (Neolithikum). Die „neolithische Revolution" begann in Kleinasien, um 5500 v. Chr. tauchen die ersten sesshaften Ackerbauern und Viehzüchter in Thüringen auf. Die Funde zeugen von differenzierteren sozialen Verhältnissen, Fortschritten in Kultur und Technik sowie religiösen Vorstellungen.

Die Bronzezeit seit der ersten Hälfte des 2. Jahrtausends v. Chr. bildet einen weiteren wichtigen Entwicklungsschub. Aus dem seit längerem bekannten Kupfer gewann man durch die Legierung mit Zinn das härtere Metall Bronze. Damit wurde die Effektivität von Werkzeugen und Waffen erhöht. Mit dem Metallzeitalter beschleunigte sich die kulturelle Entwicklung und soziale Differenzierung. Eindrucksvolles Zeugnis hierfür ist der auf 1940 v. Chr. datierte große Grabhügel bei Leubingen. Reich mit Beigaben aus Bronze und Gold versehen, ruhte hier möglicherweise ein Fürst, der über das Thüringer Becken geherrscht hatte. Von der weit fortgeschrittenen Kultur zeugt auch die bronzene „Himmelsscheibe von Nebra", einer der spektakulärsten Funde in der Geschichte der Archäologie. Die weltweit älteste konkrete Himmelsdarstellung wurde ca. 1600 v. Chr. auf einem Berg nahe der Stadt Nebra vergraben, nur wenige Kilometer hinter der heutigen Landesgrenze Thüringens zu Sachsen-Anhalt.

Die Eisenzeit reicht bis etwa zum Beginn der Zeitrechnung. Jetzt treten erstmals bei antiken Autoren zwei große „barbarische" Volksstämme auf, die Kelten und die Germanen. Sie haben offenbar zeitweise gemeinsam in Thüringen gelebt. Den Kelten zugeordnet wird vor allem der Süden zwischen Werra, Saale und Orla. Die Steinsburg auf dem Kleinen Gleichberg bei Römhild, eine befestigte keltische Höhensiedlung, gilt als das größte Bodendenkmal Thüringens. Den Germanen kann unter anderem die Funkenburg bei Westgreußen zugerechnet werden, eine heute wieder rekonstruierte Wehrsiedlung.

Rekonstruktion des Leubinger Fürstengrabes im Museum für Ur- und Frühgeschichte Thüringens

Funde belegen auch den europaweiten Handel, besonders mit dem großen keltischen Kulturraum südlich von Thüringen. Das wertvolle Eisen, mit dem Werkzeuge und Waffen nochmals an Leistungsfähigkeit gewannen, wurde in Form von Barren gehandelt. Bekanntester Beleg hierfür sind die 1845 entdeckten „Schwurschwerter" der Wartburg, bei denen es sich um solche Eisenbarren handelt.

Steinwälle der keltischen Steinsburg bei Römhild

Vom Königreich zur Landgrafschaft Thüringen

Königreich der Thüringer

Mit dem Vordringen von Elbgermanen aus dem Norden gehörte ganz Thüringen seit Beginn der Zeitrechnung zum germanischen Siedlungsraum. Die ersten namentlich bekannten Bewohner könnten die Hermunduren gewesen sein. Sie stiegen zur führenden Macht des Elbe-Saale-Raumes auf und standen in engem Kontakt zum Römischen Reich. Die Hermunduren bildeten eine Adelsschicht mit einem Stammeskönigtum an der Spitze aus. Schlaglichter hierauf wirft das prächtige Grab der „Fürstin von Haßleben". Ihre Götterwelt gewinnt durch das Opfermoor bei Oberdorla Gestalt, das Idole germanischer Götter wie Wodan oder Freyr, aber auch der römischen Jagdgöttin Diana bewahrt hat.

Die Entstehung des Stammes der Thüringer liegt weitgehend im Dunkeln. Eine These geht davon aus, dass sie direkt aus den Hermunduren, ergänzt um Teile der Angeln und Warnen, hervorgegangen seien. Um 395 werden die *Toringi* beim römischen Autor Vegetius Renatus erstmals erwähnt. Der Militärschriftsteller stuft ihre Pferde als besonders leistungsfähig ein. Worauf der Stammesname zurückgeht, ist ebenfalls umstritten. Ältere Deutungen gingen von einer Ableitung von den Hermunduren, dem lateinisch Adjektiv durus (= hart) oder dem Donnergott Thor aus; heute wird unter anderem eine Ableitung vom germanischen thur (= stark, machtvoll, reich) vermutet.

Jedenfalls treten die Thüringer Ende des 4. Jahrhunderts auf die historische Bühne. Ihr Siedlungsraum reichte von der Werra bis zur Mulde, von der Altmark bis zu Thüringer Wald und Erzgebirge. Darüber hinaus erstreckte sich ihre Herrschaft später bis zu Main, Donau und Elbe. Von der großen Völkerwanderung seit dem Hunneneinfall 375 wurden die Thüringer zwar nicht verschont, verblieben aber selbst in ihren Siedlungsgebieten. Bei der Entscheidungsschlacht auf den Katalaunischen Feldern 451 kämpften sie an der Seite des geschlagenen Hunnenkönigs Attila (Etzel).

Nach dem Ende der hunnischen Vorherrschaft gelang den Thüringern in der zweiten Hälfte

*Adlerfibel aus dem Frauen-
grab von Oßmannstedt
(vor 489) (Museum für
Ur- und Frühgeschichte
Thüringens Weimar)*

des 5. Jahrhunderts die Bildung eines mächtigen
Königreiches. Gewissermaßen im Windschat-
ten der germanischen Großreiche stiegen sie zur
Vormacht außerhalb des untergegangenen Römischen Reiches auf. Die Thüringer waren mit dem

Ostgotenreich Theoderichs des Großen in Italien verbündet. Dies wurde 507/10 durch Heirat der Theoderich-Nichte Amalaberga mit dem Thüringer König Herminafrid bekräftigt, Sohn des ersten namentlich bekannten Königs Bisinus.

An der Spitze des Reiches stand eine mächtige Adelsschicht, die enge Kontakte zu den Ostgoten pflegte. So wird das Frauengrab von Oßmannstedt bei Weimar einer ostgotischen Adligen zugeschrieben und enthielt prächtige Beigaben, wie eine goldgefasste Adlerfibel. Den frühen Einfluss des Christentums zumindest am Königshof deutet der kunstvolle Spangenhelm von Stößen aus dem ersten Viertel des 6. Jahrhunderts an, der christliche Symbole enthält. Die Funde von Stößen bei Naumburg, Großörner bei Mansfeld, Weimar, Erfurt und Mühlhausen markieren den Kernraum des Reiches. Nach dem Tode Theoderichs 526 brach das ostgotische Bündnissystem rasch zusammen. Dadurch gerieten die Thüringer stärker unter fränkischen Druck. Sie unterlagen 531 in einer vernichtenden Schlacht an der Unstrut dem Heer der Frankenkönige. 533 oder 534 fiel Herminafrid einem Mordanschlag zum Opfer. Seine Nichte Radegunde

Radegunde auf einer Handschrift aus dem 11. Jh.

wurde von König Chlothar ins Frankenreich verschleppt und musste diesen später heiraten. Nach dem Mord an ihrem Bruder flüchtete sie in den Schoß der Kirche und gründete das Kloster Poitiers. Dort verstarb die in Frankreich als Heilige verehrte Prinzessin 587.

Der blutige Untergang des Thüringer Königreiches ist in die Geschichtsschreibung und Sagenwelt eingegangen. So schildert die „Geschichte der Franken" des Gregor von Tours die Niederlage von 531 sehr drastisch. Die Leichen der flüchtenden Thüringer hätten die Unstrut verstopft, auf denen dann die Franken den Fluss überqueren konnten. Als historische Zäsur kann man die Ereignisse kaum überschätzen. Aus einem germanischen Königreich wurde eine Randprovinz der Franken, der thüringische Siedlungsraum schmolz auf den Kern des heutigen Freistaates zusammen.

Integration ins fränkisch-deutsche Reich

Thüringen wurde nun Teil des fränkischen Reiches. Die Abhängigkeit symbolisierte sich in jährlichen Tributzahlungen von 500 Schweinen. Allmählich gelang es den Franken, die Provinz fester an sich zu binden. Unter den Karolingern stieg das Frankenreich zur christlich-abendländischen Weltmacht auf. Die Kaiserkrönung Karls des Großen in Rom 800 legte auch den Grundstein für das spätere deutsche Kaiserreich. Karl konnte den Stamm der Sachsen nördlich von Thüringen unterwerfen, womit sich die prekäre Grenzlage deutlich entspannte und auf die östlichen Slawen konzentrierte.

Thüringen erhielt nun zwischen Harz, Thüringer Wald, Werra und Saale seine endgültige Ausprägung als landschaftliche und ethnisch-kulturelle Einheit. Dies spiegelt sich etwa im thüringischen Dialekt wieder. Auch die Aufzeichnung der „Lex Thuringorum" (803), des Volksrechtes der Thüringer, unter Karl dem Großen deutet darauf hin. In karolingischer Zeit traten die Thüringer zudem häufig als handelnde Einheit auf und hatten als „Markenherzöge" das Vorfeld zu den Slawen zu sichern.

In dieser Zeit lässt sich die Zentralortstellung Erfurts erstmals in den Schriftquellen greifen. 802 wird eine königliche Pfalz erwähnt. Karl der

Große legte 805 Erfurt als Grenzhandelsplatz zu den Slawen fest. Am deutlichsten wird die Stellung Erfurts im Rahmen der Christianisierung Thüringens. Der Missionar Bonifatius bat in einem Schreiben an den Papst 742 um die Bestätigung einer Bistumsgründung in *erphesfurt*. Allerdings wurde Erfurt nur wenig später dem Bistum Mainz angegliedert. Der urbane Mittelpunkt Thüringens ging so zunächst kirchlich, ab Anfang des 11. Jahrhunderts auch als weltlicher Besitz an den Mainzer Erzbischof.

Neben fränkischer Ansiedlung und dem Vordringen von Sachsen im Norden gehören die Slawen zu den Gruppen, die mit den Thüringern zu einer ethnischen Einheit verschmolzen. Nach dem Untergang des Thüringer Reiches waren sie von Osten her bis zur Saale und teils darüber hinaus

vorgedrungen. Allmählich ging nach der Integration der Gebiete östlich der Saale in das Deutsche Reich die slawische Bevölkerung in der germanischen Mehrheitsbevölkerung auf.

Mit dem Tode Karls des Großen 814 begann der Zerfall des fränkischen Reiches. Schrittweise bildete sich aus dem westlichen Teil das Königreich Frankreich und dem östlichen Teil das deutsche König- bzw. Kaiserreich. Unter den sächsischen Ottonen (919–1024) gehörte Thüringen zum Kernraum der königlichen Zentralgewalt. Zu den häufigsten Aufenthaltsorten zählten neben Quedlinburg, Magdeburg und

Der Domplatz in Erfurt

Merseburg die Pfalzen Allstedt, Tilleda, Wallhausen und Memleben. Hinzu kamen die Königshöfe Nordhausen und Mühlhausen sowie Pfalzen in Erfurt, Saalfeld, Dornburg und Jena.

Unter den Ottonen begann Thüringen aus seiner Randlage in das Zentrum des Deutschen Reiches zu rücken. Seit 928 hatten die Deutschen ihren Herrschaftsbereich bis zu Oder und Neiße ausgeweitet. Die Markgrafschaft Meißen (968) war jetzt Thüringen östlich vorgelagert und stand seit 1089 unter der Herrschaft der Wettiner. Die Besei-

Die spätere Reichsstadt Nordhausen geht auf einen ottonischen Königshof zurück

tigung der Gefahr durch das Reiternomadenvolk der Ungarn festigte ebenfalls die Machtstellung der Ottonen. Mit einer neu aufgestellten Panzerreiterei gelang König Heinrich I. 933 bei Riade, einem nicht mehr lokalisierbaren Ort an der Unstrut, ein durchschlagender Erfolg.

Die Königsnähe Thüringens ging unter den rheinischen Saliern (1024–1125) wieder verloren. Die ansässigen Adelsgeschlechter bauten ihre Position mit Burgen, Grundbesitz, Städtegründungen und Herrschaftsrechten aus. In oft blutigen Auseinandersetzungen rivalisierten die entstehenden Dynastien um Besitz und Einfluss. Allerdings blieb

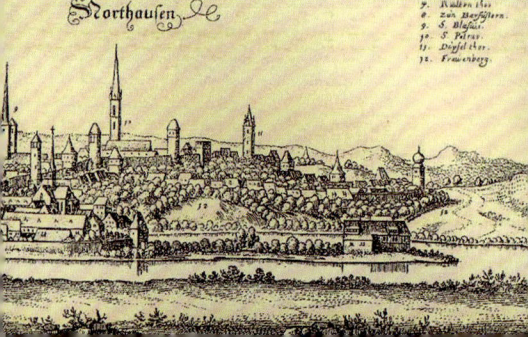

davon das Gemeinschaftsbewusstsein der Thüringer unberührt. Ein Schlaglicht hierauf wirft die Versammlung der Großen Thüringens 1002 auf dem Jenaer Kirchberg, bei der von König Heinrich II. die Abschaffung des alten Schweinezinses erreicht werden konnte.

Das erste in Thüringen deutlich herausragende Geschlecht waren die Ekkehardinger mit ihrem

---

Das Eichsfeld gehörte über Jahrhunderte dem Mainzer Erzbischof („Mainzer Schloss" in Heiligenstadt)

Stammsitz bei Großjena an der Mündung der Unstrut in die Saale. Im Naumburger Dom erinnern die Stifterfiguren mit der berühmten Uta, Gattin Markgraf Ekkehards II., an das 1046 ausgestorbene Geschlecht. Zu den ältesten Familien zählen weiter die Grafen von Weimar-Orlamünde, von Käfernburg-Schwarzburg, von Tonna-Gleichen, von Honstein-Klettenberg, von Beichlingen und von Henneberg. Mit der Herrschaft über Erfurt begann der Erzbischof von Mainz um 1000 einen starken Machtkomplex um Erfurt und im Eichsfeld aufzubauen.

Thüringen spielte in den Auseinandersetzungen des Investiturstreites eine zentrale Rolle. Unter den Saliern kam es zu zahlreichen Aufständen und Kriegszügen. Der Konflikt wurde nach der Niederlage Heinrichs V. am Welfesholz im Mansfelder Land 1115 zugunsten der Regionalmächte entschieden. Heinrich IV. hatte auch versucht, durch Burgenbau seine Position zu stabilisieren. Bekanntestes Beispiel ist die Reichsburg Kyffhausen auf dem Kyffhäusergebirge. Die Höhenburg erlebte unter den Staufern (1138–1254) ihre Blütezeit. Dies war der Ausgangspunkt für die Sage von Kaiser Friedrich I. Barbarossa, der im Kyffhäuser auf seine Rückkehr warten soll. Im monumentalen Kyffhäuserdenkmal von 1896 wurde die Barbarossasage mit dem „Reichsgründer" Kaiser Wilhelm I. verbunden. Unter den Staufern erfolgte auch die Anlage der Reichsstädte Nordhausen, Mühlhausen und Saalfeld sowie des Reichslandes Pleißenland mit Altenburg.

Landgrafschaft Thüringen

Mit den Saliern begann der Aufstieg jenes Geschlechtes, das in der Stauferzeit als Landgrafen

Ruine der Reichsburg Kyffhausen und das Kyffhäuserdenkmal

von Thüringen (1131–1247) große Bedeutung erlangen sollte. Die nach dem Vornamen ihrer erstgeborenen Vertreter bezeichneten Ludowinger stammten aus dem Rhein-Main-Raum und hatten sich unter Ludwig dem Bärtigen um 1040 bei Friedrichroda angesiedelt. Jene kleine Rodungsherrschaft um die heute nicht mehr existierende Schauenburg bildete den Ausgangspunkt für eine rasante Expansion.

Schon Ludwig der Bärtige konnte durch Heirat Gebiete um Sangerhausen erwerben. Seinem sagenumwobenen Sohn Ludwig dem Springer

(1080–1123) gelang der weitere Herrschaftsausbau. Wiederum durch Heirat kamen Besitzungen an der Unstrut um Freyburg an die Ludowinger. Mit der Wartburg bei Eisenach (um 1080) und der Neuenburg bei Freyburg (um 1090) schuf Ludwig die zwei wichtigsten Herrschaftssitze, die mit der Schauenburg und Sangerhausen den Herrschaftsbereich um das Thüringer Becken verklammerten. Das Kloster Reinhardsbrunn bei Friedrichroda (1085) wurde das wichtigste geistliche Zentrum der Ludowinger und deren Grablege. Durch Heirat mit der Erbtochter der Grafen um Kassel und Marburg erreichte wiederum der gleichnamige Sohn Ludwigs die Ausdehnung nach Westen.

Um die Ludowinger stärker an die Reichsgewalt zu binden, belehnte König Lothar von Supplinburg 1131 Ludwig mit der neuen Würde eines Landgrafen von Thüringen. Wie ein Herzog sicherte er den Landfrieden und übte die höchstrichterliche Gewalt aus. Mit Ludwig I. (1131–1140) beginnend stiegen die Landgrafen nun zu den mächtigsten Reichsfürsten auf. Ludwig II., der Eiserne (1140–1172) festigte die Bindung an die Staufer unter anderem durch die Heirat einer Halbschwester

Friedrichs I. Barbarossa. Unter Ludwig III., dem Frommen (1172–1190) erreichten die Ludowinger 1180/81 im Zuge der Entmachtung des Welfen Heinrich der Löwe erneuten Bedeutungszuwachs. Die Landgrafen gehörten zu den engsten Beratern der Kaiser, zogen mit ihnen nach Italien und auf Kreuzzüge.

Landgraf Ludwig I. von Thüringen

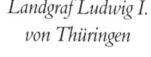

Im Inneren festigten sie ihre Stellung durch gezielten Landesausbau. Hierzu gehörte die Anlage von weiteren Burgen (Creuzburg um 1170, Runneburg um 1170), zahlreiche Städtegründungen (Eisenach, Gotha, Creuzburg, Weißensee, Sangerhausen, Freyburg), Ausweitung der Herrschaftsrechte und eine große ritterliche Dienstmannschaft (Ministeriale). Die Klöster Reinhardsbrunn und St. Katharinen in Eisenach wurden reich ausgestattet. Vergleichbar den staufischen Kaisern demonstrierten die Landgrafen ihre Macht mit

prächtigen Repräsentationsbauten, unter denen die Wartburg mit ihrem romanischen Palas (um 1170) und die Neuenburg mit ihrer Doppelkapelle (um 1180) herausragen.

Den glanzvollen Höhepunkt der Landgrafschaft Thüringen bildete die Regentschaft Hermanns I. (1190–1217). Dabei war es weniger die politische Rolle, lavierend zwischen Staufern und Welfen, die Hermann einen exponierten Platz in den Ge-

Der Sängerkrieg, Fresko auf der Wartburg von 1854

schichtsbüchern sicherte. Vielmehr liegen seine Verdienste in der Förderung der Kultur. Mit dem Namen Hermanns ist insbesondere der sagenhafte „Sängerkrieg auf der Wartburg" (1206/07) verbunden, Symbol für die am Landgrafenhof gepflegte ritterlich-höfische Adelskultur. Der „Sängerkrieg" ist später vielfach künstlerisch aufgegriffen worden, so auf dem bekannten Fresko Moritz von Schwinds im Sängersaal der Wartburg (1855), in der Literatur (Novalis, E. T. A. Hoffmann) oder in Richard Wagners „Tannhäuser und der Sängerkrieg auf Wartburg" (1843).

Ludwig IV., der Heilige (1217–1227) ist vor allem als Gemahl der heiligen Elisabeth in Erinnerung geblieben. Elisabeth von Thüringen verdeutlicht den hohen Rang der Landgrafen. Die vierjährige ungarische Königstochter kam 1211 als künftige Landgräfin auf die Wartburg. Sie fiel bald durch ihre Neigung zu Askese und karitativem Wirken auf. Nach dem Tode ihres Mannes auf dem Kreuzzug 1227 verschrieb sich die Fürstin ganz dem Dienst an Armen und Kranken. Sie folgte ihrem Beichtvater Konrad nach Marburg, wo sie bereits 1231 verstarb. Elisabeth galt schon den Zeitgenossen als Musterbild selbstlosen Christentums, das freilich von religiösen Übersteigerungen nicht frei war. Mit der raschen Heiligsprechung 1235 stieg sie zu einer der populärsten Heiligen Europas auf.

Ludwig IV. mit der heiligen Elisabeth – Denkmal in Weißensee

Unter Ludwigs Bruder Heinrich Raspe (1227–1247) schien die Landgrafschaft nochmals an Macht zu gewinnen. Ludwigs Sohn und designierter Landgraf Hermann II. war mit einer Tochter des Stauferkaisers Friedrich II. verheiratet. Heinrich Raspes Bruder Konrad stieg 1239 zum Hochmeister des Deutschen Ordens auf. 1226 hatte Ludwig IV. zudem die Eventualbelehnung für seinen Neffen Heinrich erhalten, den unmündigen wettinischen Markgrafen von Meißen. Allerdings sollten sich die Vorzeichen im Verhältnis von Ludowingern und Wettinern komplett ändern. Während Konrad 1240 und Hermann II. 1241 verstarben, blieben auch die drei Ehen Heinrich Raspes kinderlos. Daraufhin setze dieser 1243 die Eventualbelehnung seines Neffen Heinrich von Meißen durch.

Die Erhebung des Landgrafen zum deutschen König 1246 bedeutete daher keinen krönenden Gipfelpunkt für die Ludowinger. Heinrich Raspes vom Papst gestütztes Gegenkönigtum („Pfaffenkönig") konnte sich gegen Friedrich II. nicht durchsetzen, und schon 1247 erlosch mit seinem Tode das Ludowingergeschlecht im Mannesstamm. Ein blutiger Erbfolgekrieg endete 1264 mit der Teilung ihrer Herrschaft. Die Landgrafschaft Thüringen fiel an Markgraf Heinrich den Erlauchten von Meißen, die hessischen Besitzungen an Sophie von Brabant, Tochter der heiligen Elisabeth. Sophies Sohn Heinrich wurde zum Begründer der Landgrafschaft Hessen. Die Wettiner banden Thüringen nun in ihren großen mitteldeutschen Herrschaftskomplex ein.

Die mittelalterliche Glanzzeit unter den Landgrafen blieb im kollektiven Gedächtnis weit über Thüringen hinaus verankert und fand ihren Niederschlag in der Sagenwelt. Die Sagen vom Bau der Wartburg mit dem legendären Gründungsdatum 1067, über den Schmied von Ruhla, den Sängerkrieg auf der Wartburg und um die Heilige Elisabeth trugen zum Gemeinschaftsbewusstsein der Thüringer bei. Im heutigen Bild des Kulturlandes Thüringen stellt die Landgrafenzeit die erste bedeutende Erinnerungsschicht dar, um die sich später weitere anlagern sollten. Ähnliches gilt für die UNESCO-Welterbestätte Wartburg als Landgrafensitz und Sinnbild einer mittelalterlichen Höhenburg.

Thüringer Kleinstaatenwelt

„Land der Residenzen"

Die Wettiner herrschten im Spätmittelalter über einen mächtigen, teils weit über das heutige Sachsen, Thüringen und südliche Sachsen-Anhalt hinausreichenden Länderkomplex. 1423 wurden sie durch die Belehnung mit dem Herzogtum Sachsen-Wittenberg in den Kurfürstenstand erhoben. Auch in Thüringen konnten sie ihre landgräflichen Besitzungen erweitern und sich nach dem thüringischen Grafenkrieg 1342–1346 endgültig als stärkste Kraft etablieren. Erbteilungen splitterten allerdings den wettinischen Gesamtbesitz immer wieder auf, bis die Leipziger Teilung 1485 unter den Brüdern Ernst und Albrecht zur dauerhaften Aufspaltung in eine ernestinische (thüringische) und albertinische (sächsische) Linie führte. Zunächst hatten die Ernestiner mit Wittenberg auch die Kurfürsten-Würde inne. Im Schmalkaldischen Krieg ging diese nach der Niederlage gegen Kaiser Karl V. und Herzog Moritz in der Schlacht bei Mühlberg 1547 jedoch an die Albertiner über.

Diesen gelang die Entwicklung des Kurfürstentums und späteren Königreichs Sachsen zu einem einheitlichen Territorialstaat mit der Hauptstadt Dresden. Ganz anders die zunächst in Weimar residierenden ernestinischen Herzöge: Beginnend mit der Erfurter Teilung 1572 splitterte sich ihr Besitzstand in zeitweise bis zu zehn Einzelherrschaften auf. Nach einer letzten Umstrukturierung 1826 bestanden die Herzogtümer Sachsen-

Greiz mit Oberem und Unterem Schloss

Weimar-Eisenach (seit 1815 Großherzogtum), Sachsen-Coburg und Gotha, Sachsen-Meiningen und Sachsen-Altenburg.

Neben den Wettinern gelang es zwei weiteren alteingesessenen Adelsgeschlechtern, sich als Landesherren zu etablieren. Auch die Reußen in Ostthüringen hatten ihre Ländereien zeitweise in zahlreiche Kleinstgebilde aufgeteilt. Seit 1848 bestanden die Fürstentümer Reuß ältere Linie (Greiz) und Reuß jüngere Linie (Gera). Der Besitz

der Schwarzburger, benannt nach ihrem Stammsitz im Thüringer Schiefergebirge, unterteilte sich
seit 1599 in die Linien Schwarzburg-Sonders-
hausen und Schwarzburg-Rudolstadt. Nur im
17. Jahrhundert kam es zur kurzzeitigen Bildung
von Nebenlinien. Graf Günther von Schwarzburg
gelangte 1349 neben dem Ludowinger Heinrich
Raspe als einziger Thüringer zu freilich ebenso
kurzen Königswürden. Genannt seien noch die
mächtigen Grafen von Henneberg in Südwest-
thüringen, die jedoch 1583 ausstarben.

Der Großteil Thüringens wurde also von den Herrscherhäusern der Wettiner, Reußen und Schwarzburger geprägt. Hinzu kamen die Reichsstädte Mühlhausen und Nordhausen, die hessische Herrschaft

Schloss Heidecksburg
in Rudolstadt

Schmalkalden, die Ländereien des Kurfürsten von Mainz mit Erfurt und dem Eichsfeld sowie albertinische Gebiete. Der alte Zentralort Erfurt ragte als eine der größten deutschen Städte des Mittelalters, als Handels- und Kulturmetropole deutlich heraus. Seine Bürgerschaft hatte seit Mitte des 13. Jahrhunderts reichsstadtähnliche Autonomie erlangt. Bis heute ist diese Blütezeit in der

weitgehend erhaltenen Altstadt mit ihren einzigartigen Kulturdenkmalen wie dem Ensemble von Mariendom und Severikirche auf dem Domhügel, der Krämerbrücke und der Alten Synagoge erlebbar. Nach der Unterwerfung durch Mainz 1664 blieb Erfurt Sitz eines kurfürstlichen Statthalters. Während sich die Kleinstaaten über die Flurbereinigungen nach der Französischen Revolution 1789 hinüberretten konnten, gingen Teile der übrigen Gebiete (Erfurt, Eichsfeld, Nordhausen, Mühlhausen) 1802 im Königreich Preußen auf. Nach dessen Niederlage gegen Napoleon bei Jena und Auerstedt 1806 und der französischen Besatzungszeit wurden die Gebiete beim Wiener Kongress 1815 vollständig Preußen zugeschlagen.

Thüringen war nunmehr zweigeteilt in einen kleinstaatlichen und einen preußischen Bereich,

Dom und Severikirche
in Erfurt

dessen Kern der Regierungsbezirk Erfurt in der Provinz Sachsen bildete. Hieran änderte auch die Gründung des Deutschen Kaiserreiches 1871 nichts. Der neue Nationalstaat vereinte 26 föderale Einzelstaaten, wobei sich in Thüringen nunmehr fast ein Drittel aller Monarchen des Kaiserreiches drängte.

Die Kleinstaaten mit ihrem fürstlichen Repräsentationsbedürfnis haben bis heute deutlich sichtbar die Geschichtslandschaft Thüringens geprägt. Heraus ragen buchstäblich die Schlösser der Resi-

denzstädte, angefüllt mit Kunstschätzen und eingebettet in parkumsäumte Ensembles von Palais, Orangerien und Marställen, von Theatern, Museen, Bibliotheken und Archiven. Die Schwarzburger ließen in Sondershausen ihr Renaissanceschloss barock, später klassizistisch umbauen; in Rudolstadt hinterließen sie mit der Heidecksburg eines der beeindruckendsten Barockschlösser. Die Reußen schufen in Greiz ein Ensemble aus barock umgebautem Oberen Schloss und klassizistischem Unteren Schloss; das Renaissanceschloss Osterstein thronte bis zu seiner Zerstörung 1945 über der Stadt Gera.

Der frühbarocke Friedenstein dominiert Gotha ebenso wie die zum barocken Schloss umgebaute Burg in Altenburg. In Meiningen erinnert das barocke Schloss Elisabethenburg an die Residenzzeit, in Coburg die romantisch überformte Veste und das neugotisch umgestaltete Stadtschloss Ehrenburg. In Weimar schließlich bildet das an Stelle der 1774 abgebrannten Wilhelmsburg errichtete barock-klassizistische Residenzschloss das Herzstück einer Residenzlandschaft mit den Schlössern Belvedere, Tiefurt und Ettersburg. Hinzu kommen die zahlreichen Nebenresidenzen, Landschlösser und die barocke kurmainzische Statthalterei in Erfurt. Thüringen verfügt damit als vielzitiertes „Land der Residenzen" über die größte Dichte an fürstlichen Repräsentationsbauten in Deutschland.

Impulse für die Moderne

Trotz vieler schon zeitgenössischer Vorbehalte gegenüber den Kleinstaaten bezog gerade der Weg in die politisch-gesellschaftliche und wirtschaftliche Moderne wichtige Impulse aus Thüringen. So fand hier die liberale Nationalbewegung des 19. Jahrhunderts ein günstiges Klima. Sachsen-Weimars Verfassung von 1816 etwa gehörte zu den ersten ihrer Art. Das Wartburgfest 1817, die Gründung der Deutschen Burschenschaft in Jena 1818 und die Vorbereitung des Deutschen Nationalvereins in Eisenach 1859 unterstreichen dies. Ein wichtiger Akteur war Herzog Ernst II. von

Sachsen-Coburg und Gotha (1844–1893). Nicht zufällig nahm der Nationalverein seinen Sitz in Coburg, fand 1860 dort das Erste Deutsche Turn- und Jugendfest statt, wurde 1861 in Gotha das erste Deutsche Schützenfest durchgeführt und der Deutsche Schützenbund sowie 1862 in Coburg der Deutsche Sängerbund gegründet. Es gab also durchaus liberale Alternativen zur Reichsgründung von 1871 durch die konservative preußische Militärmacht unter Otto von Bismarck.

Reiterdenkmal Herzog Ernsts II. in Coburg

Deutschland wandelte sich nach 1871 endgültig vom Agrarland zur modernen Industriegesellschaft. Auch in Thüringen zeigte sich dies besonders am Wachsen der Städte. Erfurt stieg rasant zur ersten Industriegroßstadt auf. Nach der Aufhebung der preußischen Festungsfunktion 1873 verdoppelte sich die Einwohnerzahl bis 1906 von 47.000 auf 100.000. Auch aus beschaulichen Residenz- und Provinzstädten wurden Industriestädte wie Gera (49.000), Altenburg (40.000), Gotha (40.000), Jena (38.000) und Eisenach (38.000). Im preußischen Thüringen machten Mühlhausen (35.000) und Nordhausen (33.000) ähnliche Modernisierungsprozesse durch.

Die Industrialisierung trug vielgestaltige, innovative Züge. Dabei wurde auch die gängige Vorstellung des Nationalökonomen Friedrich List relativiert, dass wirtschaftlicher Fortschritt nur in großen staatlichen Strukturen möglich sei. Zwar gehörte das preußische Thüringen zu den

Das Zeiss-Hauptwerk in Jena um 1910.

Motoren der Entwicklung. Erfurt wurde zum Eisenbahnknotenpunkt, zu einem Zentrum der Metall- und Textilindustrie, wobei der Erwerbsgartenbau der „Blumenstadt" einen besonderen Akzent verlieh. Doch auch in den Kleinstaaten entstanden starke Industriekerne. Besonders Jena entwickelte sich zu einem Musterbeispiel des technischen Fortschritts. Das Unternehmen von Carl Zeiß (1846) stieg unter der Leitung von Ernst Abbe zum führenden Optik-Unternehmen auf.

Dies geschah in enger Zusammenarbeit mit dem Glaswerk von Otto Schott sowie der Universität Jena. Weitere Schwerpunkte waren die Textilindustrie in Ostthüringen, der Braunkohlentagebau im Altenburger Land, der Kalibergbau in Nordthüringen und im Werratal sowie zahlreiche Einzelstandorte mit Fahrzeugbau in Eisenach, Waffenproduktion in Suhl und Sömmerda oder Textilindustrie in Apolda.

Als aufstrebende Industrieregion bildete Thüringen zugleich für die Arbeiterbewegung ein frühes Zentrum, in dem wegweisende Parteitage stattfanden: 1869 Gründung der Sozialdemokratie unter August Bebel und Wilhelm Liebknecht in Eisenach, 1875 Vereinigung mit dem Lassalle'schen Allgemeinen Deutschen Arbeiterverein (ADAV) in Gotha und 1891 der Erfurter Programmparteitag, auf dem der Name SPD angenommen wurde. Die Sozialdemokraten wurden trotz der Verfemung als „vaterlandslose Gesellen" und „rote Umstürzler" durch die Eliten des Kaiserreiches zur stärksten politischen Kraft in Thüringen. 1912 erlangten sie zehn von 16 thüringischen Reichstagssitzen. Auf lokaler und Landesebene verhinderten allerdings eingeschränkte Wahlrechte bis 1918 eine breitere politische Mitbestimmung.

Kaisersaal: Tagungsstätte des Erfurter Parteitags der SPD 1891

Kulturland Thüringen

„Lutherland" und „Kernland der Reformation"

Aus einer Vielzahl an Traditionslinien des Kulturlandes Thüringen ragen einige deutlich heraus. Nach der frühen Glanzzeit der landgräflichen Hofkultur zieht sich die Spur vom „Lutherland" und „Kernland der Reformation" über das „Goldene Zeitalter" der Weimarer Klassik bis hin zur „Wiege der Moderne" mit dem Bauhaus Weimar. Symbolisch verdichtet wird dies an den zwei UNESCO-Weltkulturerbe-Standorten: Weimar steht seit 1996 mit seinen Bauhausstätten und seit 1998 mit seinen Klassikerstätten auf der prestigeträchtigen Welterbeliste, die Wartburg seit 1999 als ideale mittelalterliche Höhenburg und romantisches Nationaldenkmal. Erfurt strebt mit seinem Augustinerkloster diesen Status für die Zukunft an. Zunächst rückte Martin Luther Thüringen in den Fokus der Weltgeschichte. Sein Vater kam aus dem Familien-Stammort Möhra, seine Mutter lebte in Eisenach, wo Luther 1498–1501 die Lateinschule besuchte. In seiner mutmaßlichen Wohnstätte ist

das Lutherhaus Eisenach untergebracht, heute ein
modernes Museum. 1501–1505 studierte er an der
Universität Erfurt. 1379 als älteste im heutigen
Deutschland von der Bürgerschaft gegründet, war
sie noch immer eine der angesehensten Universi-
täten des Reiches und eine Hochburg des Huma-
nismus. Luthers sagenhaftes „Gewittererlebnis"
nahe dem heutigen Vorort Stotternheim 1505

*Das Lutherhaus
in Eisenach*

schließlich gilt als „Urknall der Reformation".
Der Jurastudent trat in das Augustinerkloster ein,
wo er bis 1511 als Mönch lebte und Theologie
studierte. In Erfurt begann das Ringen Luthers
um die theologischen Grundlagen der Reformation. Diesem Erbe fühlt sich die evangelische Ta-
gungs- und Begegnungsstätte Augustinerkloster
Erfurt verpflichtet.

Das Augustinerkloster in Erfurt

Nach dem Wittenberger Thesenanschlag 1517
rückte Kurfürst Friedrich der Weise zum Schutz-
herrn Luthers auf, seit 1512 Professor an der
Universität Wittenberg. Auf dem Reichstag zu

Worms 1521 wurde über ihn von Kaiser Karl V. die Reichsacht verhängt. Es folgte die Scheinentführung auf die Wartburg, wo Luther als „Junker Jörg" 1521/22 das Neue Testament ins Deutsche übersetzte. Hiermit legte er eine weitere wesentliche Grundlage für die Ausbreitung der Reformation, die vom Buchdruck und prominenten Künstlern befördert wurden. Mit Lucas Cranach d. Ä. stand einer der bedeutendsten Maler und Grafiker der Renaissance auf Luthers Seite.

In Thüringen griffen die Fürsten rasch das neue Bekenntnis auf. Dabei kam ihnen der von Luther autorisierte Aufbau landeskirchlicher Strukturen bei der Ausbildung frühneuzeitlicher Staatlichkeit entgegen. Begleitet von Unruhen wie den „Pfaffenstürmen" gewann die Reformation auch in Mühlhausen, Nordhausen und Erfurt rasch an Boden. Thüringen gehörte damit fortan zum protestantischen Kulturraum Mittel- und Norddeutschlands. Nicht zufällig wurde hier 1531 der Schmalkaldische Bund als Verteidigungsbündnis protestantischer Reichsstände gegründet. Allerdings sollte sich in Erfurt durch den Einfluss des Mainzer Erzbischofs eine katholische Minderheit

halten, während im Eichsfeld die Gegenreformation sogar die Rückkehr zum Katholizismus erzwingen konnte.

Die von Luther angefachte Aufbruchsstimmung ging weit über dessen Ziele hinaus. Radikale Kräfte forderten soziale Konsequenzen und fanden breiten Zulauf. Der Theologe Thomas Müntzer, zunächst ein Anhänger Luthers, wurde zum Führer des Bauernkrieges in Thüringen. 1524 ließ er sich in Mühlhausen nieder, wo ein „Ewiger Rat" die Patrizier entmachtete. Am 15. Mai 1525 unterlagen die aufständischen Bauern in der blutigen Entscheidungsschlacht bei Frankenhausen gegen das fürstliche Heer. Müntzer wurde

vor den Toren Mühlhausens hingerichtet. Thüringen wurde so zu einem Hauptschauplatz der
„Frühbürgerlichen Revolution", wie man in der

*Ausschnitt aus dem Tübkegemälde zum Bauernkrieg
im Panorama Museum in Bad Frankenhausen*

DDR Reformation und Bauernkrieg zusammen-
fasste. Hieran erinnert das monumentale Panora-
mamuseum in Bad Frankenhausen.

Ein wesentlicher Träger der Kulturlandschaft
Thüringen blieben auch nach dem Verlust der
Kurwürde 1547 die Ernestiner. Sie entwickelten
aus ihrer Niederlage heraus das Selbstverständ-
nis als glaubensfeste Wahrer des Luthertums.

Schloss Friedenstein in Gotha
mit Denkmal Herzog Ernsts des Frommen

Neben den Fürstenhöfen und Städten rückte dabei zunehmend die Universität Jena in den Mittelpunkt. Herzog Johann Friedrich („Hanfried") gründete 1548 als Ersatz für Wittenberg eine Hohe Schule, die 1558 zur Universität erhoben wurde. Parallel verlor die konfessionell gespaltene Universität Erfurt an Bedeutung, bis sie schließlich 1816 geschlossen wurde. Herzog Ernst der Fromme (1640–1675), Erbauer von Schloss Friedenstein, versuchte in Gotha einen „lutherischen Musterstaat" aufzubauen. Auf ihn und seine Nachkommen gehen die einzigartigen Kulturschätze der heutigen Stiftung Schloss Friedenstein Gotha und der Forschungsbibliothek Gotha zurück.

Eine der größten kulturellen Persönlichkeiten nicht nur des Barockzeitalters, der Musiker und Komponist Johann Sebastian Bach, stammt ebenfalls aus Thüringen. Die weitverzweigte Musikerfamilie der „Bache" lässt sich bis ins 16. Jahrhundert zurückverfolgen, als ihr Stammort gilt Wechmar bei Gotha. Johann Sebastian Bach, dessen Eltern aus Erfurt stammten, wurde 1685 in Eisenach geboren. Hieran erinnert das dortige Bachhaus als eines der renommiertesten Musikermuseen Deutschlands. Bach bekam als Organist in Arnstadt (1703–1707) und Mühlhausen (1707/08) sowie als Hoforganist in Weimar (1708–1717) erste Anstellungen. Seine Musik erwuchs aus der in Thüringen fest verwurzelten protestantischen Kultur ebenso, wie die deutschsprachige Literatur des Barock. Mit der Fruchtbringenden Gesellschaft („Palmenorden") wurde die bedeutendste Sprachgesellschaft jener Epoche 1617 in Weimar gegründet.

Bachhaus Eisenach

„Goldenes Zeitalter" der Weimarer Klassik

Das Bild des Kulturlandes Thüringen wird am stärksten von der „Weimarer Klassik" geprägt, dem „Goldenen Zeitalter" im Herzogtum Sachsen-Weimar-Eisenach. Unter der Herrschaft von Herzogin Anna Amalia (1756–1775) und ihres Sohnes Carl August (1775–1828) zog es zahlreiche Geistesgrößen wie Johann Wolfgang Goethe, Christoph Martin Wieland, Johann Gottfried Herder und Friedrich Schiller ins „Ilm-Athen". Für das kleine Herzogtum mit seiner Residenzstadt von 6.000 Einwohnern war dies keineswegs selbstverständlich. Weimar stieg zu einem Zentrum deutscher und europäischer Kultur auf, dessen Traditionspflege bis hin zum heutigen Freistaat Thüringen ein zentrales Element der Kulturpolitik bildet.

Herzogin Anna Amalia, schon 1758 verwitwet, profilierte sich als resolute, kunstsinnige Landesherrin. Mit Christoph Martin Wieland holte sie den ersten der großen Literaten 1772 als Prinzenerzieher von der Universität Erfurt nach Weimar. Über die Zeit der Regentschaft hinaus entfaltete

Anna Amalia mit ihrem „Musenhof" ein breites kulturell-geselliges Leben. Ein bleibendes Werk ist der Ausbau des „Grünen Schlosses" zur heute nach ihr benannten Herzogin Anna Amalia Bibliothek. Der verheerende Brand der Bibliothek 2004 hat den Sinn für deren Bedeutung auf schmerzliche Weise geschärft.

Die folgenden Jahrzehnte bezeichnet man auch als „Goethezeit", die von der Ankunft Goethes in Weimar 1775 bis zu dessen Tod 1832 datiert.

Der junge Fürst Carl August zog den Autor der Sturm-und-Drang-Bestseller „Götz von Berlichingen" und „Die Leiden des jungen Werthers" aus Frankfurt an seine Residenz. Die persönliche Freundschaft sollte Goethe dauerhaft an Weimar binden. Zwei der meist besuchten Erinnerungsorte in Weimar, das Gartenhaus im Ilmpark und das Wohnhaus am Frauenplan, waren Geschenke des Herzogs. Dieser ermöglichte seinem

Freund ein sorgenfreies Leben und bezog ihn in die Landespolitik mit ein. Goethes Freund Herder wurde 1776 als Hofprediger nach Weimar geholt. Schiller, seit 1789 Professor für Geschichte in Jena, zog 1799 nach Weimar. Das Zusammenwirken der beiden „Dioskuren" Goethe und Schiller bildet den Kern der „Weimarer Klassik".

„Rokokosaal" in der Herzogin Anna Amalia Bibliothek in Weimar

Die benachbarte Universität Jena, gemeinsam getragen von den ernestinischen Herzögen, stellte
ein korrespondierendes Zentrum jener kulturellen Blütezeit dar. Goethe sah „Jena und Weimar
wie die zwei Enden einer großen Stadt", die sich
vielfach befruchteten. Jena war ein Schwerpunkt
der Philosophie des Deutschen Idealismus, die
stark auf das Geistesleben der Zeit einwirkte.

Goethe-Nationalmuseum am Frauenplan in Weimar

Hier lehrten die Philosophen Johann Gottlieb Fichte, Friedrich Wilhelm Schelling und Georg Wilhelm Friedrich Hegel. Die literarische Frühromantik fand um die Jahrhundertwende mit dem Wirken eines Kreises um August Wilhelm und Friedrich Schlegel, Ludwig Tieck, Clemens Brentano und Novalis ihren Höhepunkt. Aber auch die Naturwissenschaften nahmen einen sichtbaren Aufschwung.

Heute spricht man in Anknüpfung an Goethe von der „Doppelstadt" oder dem „Ereignis Weimar-Jena", bei dem es in den Jahrzehnten um 1800 zu einer einmaligen Verdichtung kultureller Leistungen kam. Die aufgeklärte Monarchie Weimars ermöglichte den Dichtern und Denkern einen freimütigen intellektuellen Austausch. Dies gilt als ein Höhepunkt der Aufklärung, der der bürgerlichen Gesellschaft des 19. Jahrhunderts wesentliche Impulse verliehen

hat. Seine Protagonisten, allen voran Goethe und Schiller, wurden zu Leitfiguren der sich entfaltenden Kulturnation. Mit ihrem maßgeblichen Beitrag zur Schaffung einer Nationalliteratur sah man die Weimarer Klassiker auch in gerader Linie zur Leistung Luthers auf der Wartburg stehen.

Beherrscht auch das „Goldene Zeitalter" in Weimar das Bild jener Epoche, so gab es doch weitere Leistungen von Rang. Eng mit den Kulturgrößen um Goethe verbunden war etwa der letzte kurmainzische Statthalter Karl Theodor von Dalberg in Erfurt (1772–1802). Für den kulturfreudigen aufgeklärten Absolutismus steht ebenso Herzogin Luise Dorothea von Sachsen-Gotha-Altenburg (1732–1772) und deren Sohn Ernst II. (1772–1804). Gotha erhielt eine bedeutende Sternwarte und unterhielt seit 1775 das erste ständige Hoftheater in Deutschland unter Konrad Ekhof. Justus Perthes gründete 1785 jenen Verlag, der mit seinem Adels-Handbuch („Der Gotha") und als geographische An-

stalt Weltruf erlangte. In Schnepfenthal errichtete Christian Gotthilf Salzmann 1784 seine philanthropische Erziehungsanstalt, an der auch Turnpionier Johann Christoph Friedrich GutsMuths tätig war. Von hier zieht sich die Spur moderner Pädagogik über Friedrich Fröbels ersten deutschen Kindergarten in Bad Blankenburg (1840) bis hin zum Jena-Plan Peter Petersens (1927).

Hauptgebäude der Universität Jena

Viele der Kleinstaaten erlebten eine kulturelle Spätblüte. „Theaterherzog" Georg II. (1866–1914) etwa schrieb mit seinen weltweit auftretenden „Meiningern" Theatergeschichte. In Meiningen wirkten Hans von Bülow, Richard Strauss und Max Reger. Großherzog Carl Alexander (1853–1901) bescherte Weimar ein „Silbernes Zeitalter" mit dem Wirken Franz Liszts und dem Wiederaufbau der Wartburg als romantisches Nationaldenkmal. Nach dem Tode des letzten Goethe-Nachkommens 1885 wurden für die Pflege des klassischen Erbes mit Goethe-Gesellschaft, Goethe-Nationalmuseum und „Sophien-Ausgabe" der Werke Goethes wesentliche Grundlagen gelegt. Das Goethe- und Schiller-Archiv beherbergt eines der größten Literaturarchive mit über 120 bedeutenden Nachlässen. Den Geistesgrößen setzte man Denkmale, allen voran Goethe und Schiller das Doppelstandbild von Ernst Rietschel (1857). Heute liegt das kulturelle Erbe überwiegend in den Händen der Klassik Stiftung Weimar, einer der größten Kulturstiftungen Deutschlands mit zahlreichen Museen, Schlössern und Parks.

Goethe-
Schiller-
Denkmal
in Weimar

Zu Beginn des 20. Jahrhunderts gab es erste Versuche eines avantgardistischen „Neuen Weimars", die besonders mit den Namen Harry Graf Kessler und Henry van de Velde verbunden sind. Der belgische Architekt und Designer van de Velde stand an der Spitze der Kunstgewerbeschule Weimar, deren Jugendstil-Hauptgebäude („Henry-van-de-Velde-Bau") von ihm bis 1911 errichtet wurde. Unter van de Veldes Werken in Weimar ragen weiter das „Haus Hohe Pappeln" als Wohnsitz der Familie und die „Villa Silberblick" heraus. In letzterer hatte der bereits geistig umnachtete Philosoph Friedrich Nietzsche bis 1900 seine letzten Lebensjahre verbracht. 1903 ließ dessen Schwester Elisabeth Förster-Nietzsche das Haus von van de Velde zum Nietzschearchiv umgestalten.

1919 wurde aus der Kunstgewerbe- und Kunstschule das Staatliche

Bauhaus Weimar gegründet. An dessen Spitze als Direktor trat der noch von van de Velde vorgeschlagene Architekt Walter Gropius. Sitz der Hochschule wurde der Van-de-Velde-Bau, heute das Hauptgebäude der Bauhaus-Universität Weimar. Das Bauhaus gilt als „Wiege der Moderne", als einer der wichtigsten Impulsgeber der klassischen

Treppenhaus im Van-de-Velde-Bau
Bauhaus-Universität Weimar

Moderne in Architektur, Kunst und Design. Die großen Namen jenes kulturellen Aufbruchs wie Lyonel Feininger, Johannes Itten, Josef Albers, Paul Klee, Wassily Kandinsky, Oskar Schlemmer oder László Moholy-Nagy besitzen nach wie vor einen guten Klang. Zu seinen Grundideen zählte die Harmonisierung von Kunst und Handwerk im Geiste der mittelalterlichen Bauhütten sowie eine klare, funktionale Formensprache.

Höhepunkt der mit vielen überlieferten Kulturtraditionen brechenden Tätigkeit war die große Weimarer Bauhaus-Ausstellung im Sommer 1923. Als frühestes Beispiel der auf schnörkellose Funktionalität ausgerichteten Architektur und Inneneinrichtung gilt das von Georg Muche für die Ausstellung errichtete Musterhaus „Haus am Horn". 1925 zog das unter den Zeitgenossen heftig umstrittene Bauhaus jedoch nach Dessau um, nachdem eine neue bürgerlich-konservative Landesregierung die Mittel drastisch gekürzt hatte. Sein Erbe liegt heute ebenfalls in der Verantwortung der Klassik Stiftung Weimar. Zum 100. Gründungsjubiläum 2019 soll das Bauhausmuseum mit seinen wertvollen Beständen einen modernen Neubau erhalten.

Der Weg
zum Freistaat Thüringen

Weimarer Republik
und Landesgründung 1920

Mit der Novemberrevolution 1918 erlebte Deutschland eine tiefe historische Zäsur. Aus dem konstitutionellen Kaiserreich wurde eine parlamentarische Demokratie, die als Weimarer Republik in die Geschichte einging. Von Februar bis August 1919 stand Weimar als Tagungsort der Deutschen Nationalversammlung im Rampenlicht. Die Abgeordneten versammelten sich in der zentral gelegenen Kulturstadt, weil in Berlin der Bürgerkrieg tobte. Am 31. Juli 1919 wurde die Weimarer Reichsverfassung angenommen und am 11. August von Reichspräsident Friedrich Ebert (SPD) in Schwarzburg unterzeichnet. Thüringen wurde so zum Geburtsort der ersten deutschen Demokratie, das Deutsche Nationaltheater Weimar, Tagungsstätte der Nationalversammlung, zu ihrem Symbolort.

Nach der Vereidigung des Reichspräsidenten Friedrich Ebert im Deutschen Nationaltheater (21. August 1919)

Der Erste Weltkrieg 1914–1918 und das Ende der Monarchien hatten auch den Prozess einer Vereinheitlichung Thüringens entscheidend vorangebracht. Entsprechende Bestrebungen reichen lange zurück. Deutlich erkennen lassen sie sich schon während der Revolution von 1848/49. Zu Beginn des 20. Jahrhunderts wurden die Rufe immer lauter. Besonders die Schrift des Meininger Sozialdemokraten Arthur Hofmann „Thüringer Kleinstaatenjammer" (1906) sorgte für heftige Diskussionen. Die Kleinstaaten nahmen sofort nach der Novemberrevolution Verhandlungen auf und schlossen sich am 1. Mai 1920 zum Freistaat Thüringen mit der Hauptstadt Weimar zusammen. Lediglich Coburg blieb durch seinen Anschluss an Bayern fern. Allerdings gehörte diesem „Kleinthüringen" der preußische Regierungsbezirk Erfurt noch nicht an.

Die erste Landesregierung aus SPD und liberalen Demokraten 1920/21 scheiterte rasch. Ein sich im Kapp-Putsch vom Frühjahr 1920 blutig zuspitzender Bürgerkrieg schuf zwischen sozialistischer Arbeiterschaft und bürgerlich-konservativen Bevölkerungsschichten kaum zu überwindende

Gräben. Folge war eine ausgeprägte Lagerbildung im Weimarer Landtag, die die radikalen Parteien begünstigte. Die SPD-Regierung August Frölich 1921/23 wurde von den Kommunisten toleriert, was in der gemeinsamen „Volksfrontregierung" vom Herbst 1923 gipfelte. Sie bildete den Höhepunkt des „roten Thüringens", das zum Zentrum von Reformen („Greilsche Schulreform") und moderner Kultur (Bauhaus Weimar) wurde. Unter bürgerlichen Regierungen 1924–1929 erfolgte die Rücknahme der meisten Reformen. Nun waren es die Völkischen bzw. die NSDAP, die als „Zünglein an der Waage" seit 1924 Einfluss auf die Landespolitik gewannen. Thüringen wurde so zu einer frühen Hochburg des Nationalsozialismus. 1926 fand in Weimar der erste Reichsparteitag der NSDAP nach dem missglückten „Hitler-Putsch" 1923 statt. Zeitweise erwog Adolf Hitler sogar, die Parteileitung von München nach Thüringen zu verlegen. Diese Entwicklung gipfelte 1930/31 in der Regierungsbeteiligung der NSDAP – der ersten in einem deutschen Land. Unter Innen- und Volksbildungsminister Wilhelm Frick konnten die Nationalsozialisten im „Probelauf für die Machter-

Reichsparteitag der NSDAP in Weimar 1926

---

greifung" wichtige Erfahrungen sammeln. Frick
leitete sofort drastische Maßnahmen ein, wie die
„Säuberung" des Beamtenapparates, einen Erlass
„Wider die Negerkultur für deutsches Volkstum",
nationalistische „Schulgebete" und die spektakulä-
re Berufung des Rassekundlers Hans F. K. Günther an die Landesuniversität Jena. Im Sommer
1932 kam es sogar zur „vorgezogenen Machter-

greifung", als die NSDAP nach siegreichen Landtagswahlen unter Gauleiter Fritz Sauckel die Regierungsgewalt übernahm.

„Mustergau" im Dritten Reich

Nach der „Machtergreifung" der Nationalsozialisten am 30. Januar 1933 gelang es Fritz Sauckel, Thüringen zum „Mustergau" im Dritten Reich zu profilieren. Zu seinem NSDAP-Gau gehörten das Land Thüringen und die preußischen Gebiete. Im Krieg kam Sauckel deren Verschmelzung zu ei-

Modell des Weimarer Gauforums von 1936

nem einheitlichen Reichsgau sehr nahe. 1944 unterstellte ihm ein Führererlass den Regierungsbezirk Erfurt, womit „Großthüringen" weitgehend in seiner Hand lag. Der „Muster-Gauleiter" wurde schließlich als „Hitlers Sklavenhalter", als Organisator des Zwangsarbeitereinsatzes im Zweiten Weltkrieg, 1946 vom Nürnberger Militärtribunal zum Tode verurteilt.

Ein wesentlicher Akzent bei den Profilierungsversuchen Sauckels lag auf der Kultur, ein Hauptelement bildete der Ausbau Weimars zu einer repräsentativen Gauhauptstadt. Sehr entgegen kam ihm die Vorliebe Hitlers für die Klassikerstadt. Mit aktiver Unterstützung des „Führers" sollte Weimar zum Muster für die Umgestaltung aller deutschen Gauhauptstädte werden. Herzstück war das „Gauforum" (Weimarplatz) mit wuchtigen NS-Bauten und einer „Halle der Volksgemeinschaft". Das Projekt wurde als einzige regionale NS-Machtzentrale fast fertiggestellt. Zur Profilierung Weimars gehörten aber auch Investitionen in das Goethe-Nationalmuseum und eine Nietzsche-Gedächtnishalle. Medium der NS-Kulturpolitik wurde ebenso die Universität Jena, seit 1934 „Friedrich-Schiller-Universität". 1939 trat Karl Astel in Jena als erster „Rasseforscher" an die Spitze einer deutschen Universität.

Sein politisches Gespür ließ Gauleiter Sauckel auch in der Wirtschafts- und Militärpolitik aktiv werden.

*Gedenkstätte Buchenwald
mit Glockenturm*

Die Enteignung des Suhler Waffen- und Fahrzeug-
werkes der jüdischen Familie Simson 1935 legte
den Grundstein für die Wilhelm-Gustloff-Stiftung,
einen NS-Musterbetrieb der Rüstungswirtschaft.
Gegen Kriegsende wurde Thüringen zum Schau-
platz verzweifelter Bemühungen, mit unterirdi-
schen Anlagen die vom Luftkrieg bedrohte Rüstung
aufrecht zu erhalten. Hierfür steht vor allem das
KZ Mittelbau-Dora bei Nordhausen (1943–1945)
mit seinen V2-Raketen-Stollen. Im Jonastal sollte
ein unterirdisches „Führerhauptquartier" als letzte
Zuflucht der NS-Führung dienen.

Die Verbrechen der NS-Herrschaft haben tiefe
Spuren in Thüringen hinterlassen. Am eindring-
lichsten symbolisiert wird dies vom Konzentrati-
onslager Buchenwald nahe Weimar, ab 1937 eines
der drei Großlager im Reich neben Dachau und

Sachsenhausen. Das KZ mit seiner großen SS-Besatzung gehörte mit zur Profilierung als „Mustergau". Die Häftlinge waren zudem billige Arbeitskräfte, mit denen die Weimarer Bauvorhaben und die Rüstungswirtschaft forciert wurden. Buchenwald wurde nach der Befreiung am 11. April 1945 schlagartig zum Synonym des NS-Terrorortes in Deutschland. Jenes Lagers, in dem rund 56.000 Menschen ums Leben kamen, zeichnet so für die Janusköpfigkeit der Kulturstadt Weimar verantwortlich. Die Gedenkstätte Buchenwald arbeitet dieses schwierige Erbe heute auf.

Im Zweiten Weltkrieg 1939–1945 hatte Reichsverteidigungskommissar Sauckel die „Heimatfront" zu organisieren. Neben der Lösung vieler Probleme vom Luftkrieg bis hin zur mangelhaften Versorgung fiel ihm auch die Aufgabe zu, die Bevölkerung zum Durchhalten zu mobilisieren. Die britischen und amerikanischen Bomberangriffe kosteten etwa 20.000 Thüringern das Leben, einige Städte, besonders Nordhausen, Jena und Gera, wurden stark zerstört. Auch die Kämpfe zwischen der Wehrmacht und den am 1. April 1945 von Westen in Thüringen einrückenden Truppen der

US-Armee kosteten noch zahlreiche Menschenleben. Am 16. April 1945 war für Thüringen der Krieg und die NS-Diktatur beendet.

DDR-Zeit und Thüringen seit 1990

Nach der Kapitulation am 8. Mai 1945 teilten die Siegermächte Deutschland in vier Besatzungszonen. In Thüringen entstand mit der Auflösung Preußens 1945 erstmals ein Land, das in etwa den heutigen Freistaat umfasste, seine Hauptstadt wurde 1948 Erfurt. Anfang Juli 1945 kam Thüringen zur Sowjetischen Besatzungszone (SBZ). Die 1949 in der SBZ gegründete DDR wandelte sich zum sowjetischen Satellitenstaat unter Führung der SED. 1952 erfolgte die Auflösung der Länder und die Teilung Thüringens in die Bezirke Erfurt, Gera und Suhl. Die von SED-Chef Walter Ulbricht vorangetriebene Sowjetisierung der DDR führte zum Volksaufstand vom 17. Juni 1953, der mit der Wismut-Region und Jena wichtige Zentren in Thüringen besaß.

Die Flucht von über 2,6 Millionen DDR-Bürgern wurde mit der Berliner Mauer 1961 unterbunden.

Mit der „Einheit von Wirtschafts- und Sozialpolitik" und internationaler Anerkennung schien sich die SED-Herrschaft unter Erich Honecker ab 1971 endgültig zu etablieren. Allerdings lie-

ßen sich deren totalitären Züge nicht übersehen. Deutlichste Symbole waren das Ministerium für Staatssicherheit (MfS, „Stasi") und die Grenze zur Bundesrepublik, an der ca. 800 DDR-Bürger

Innerdeutsche Grenze beim heutigen Grenzmuseum Schifflersgrund im Eichsfeld

ums Leben kamen. Die thüringischen Grenzbezirke litten besonders unter dem Grenzregime, das geteilte Dorf Mödlareuth stand als „Little Berlin" geradezu für die deutsch-deutsche Teilung. Bei Geisa in der Rhön befand sich mit dem US-

Grenzbeobachtungspunkt Point Alpha der „heißeste Punkt im Kalten Krieg".

Thüringen gehörte zwar nicht zu den Zentren der friedlichen Revolution, doch regte sich auch hier wachsender Protest. Eine breitgefächerte Bürger-

bewegung initiierte, zunächst oft unter dem schützenden Dach der Kirche, im Herbst 1989 die beeindruckenden „Wende"-Veranstaltungen. Erfurt erlebte mit der Besetzung der ersten MfS-Bezirksverwaltung am 4. Dezember sogar ein DDR-weites Signalereignis. Der Mauerfall vom 9. November 1989 leitete den Umbruch hin zur deutschen Wiedervereinigung ein. Die Volkskammerwahl am 18. März 1990 stellte mit dem klaren Sieg der CDU-geführten „Allianz für Deutschland" hier-

Menschenkette zur Rettung der Erfurter
Altstadt am 10. Dezember 1989

Kurmainzische Statthalterei in Erfurt, heute Sitz des Thüringer Ministerpräsidenten

für die Weichen. Die „Allianz" hatte in den Bezirken Erfurt, Gera und Suhl besonders deutliche Mehrheiten von rund 60 % erreicht.

Mit dem Vollzug der deutschen Einheit am 3. Oktober 1990 konstituierte sich Thüringen als Bundesland aus den Bezirken Erfurt, Gera und Suhl sowie den Kreisen Altenburg, Schmölln und Artern. Landeshauptstadt wurde Erfurt. 1993 verabschiedete der Landtag in Anknüpfung an 1920 die Verfassung für den „Freistaat Thüringen". Nach 24 Jahren CDU-geführter Landesregierungen steht seit 2014 erstmals eine rot-rot-grüne Regierung an der Spitze des Landes. Blieb es auch von den Problemen des Umbruchs mit Deindustrialisierung, Arbeitslosigkeit und Bevölkerungsrückgang von 2,6 auf 2,1 Million Einwohner nicht verschont, kann sich Thüringen doch heute nicht nur mit den „neuen" Ländern durchaus messen. Das einzigartige Kulturland hat weit mehr zu bieten als seine wohlschmeckenden Markenzeichen Kloß und Bratwurst: sanierte Städte und Gemeinden, florierenden Tourismus, eine moderne Verkehrsinfrastruktur, mittelständisch geprägte Wirtschaft und dichte Wissenschaftslandschaft.

Literaturtipps

- Helmut Castritius u. a. (Hrsg.): Die Frühzeit der Thüringer. Archäologie, Sprache, Geschichte. Berlin/New York 2009.
- Sigrid Dušek (Hg.): Ur- und Frühgeschichte Thüringens. Ergebnisse archäologischer Forschung in Text und Bild. Stuttgart 1999.
- Friedegund Freitag/Karin Kolb (Hrsg.): Die Ernestiner. Eine Dynastie prägt Europa. Dresden 2016.
- Hans-Werner Hahn/Werner Greiling (Hrsg.): Die Revolution 1848/49 in Thüringen. Aktionsräume - Handlungsebenen - Wirkungen. Rudolstadt/Jena 1998.
- Hans Patze/Walter Schlesinger (Hrsg.): Geschichte Thüringens. 6 Bände Köln/Wien 1967–1984.
- Steffen Raßloff: Geschichte Thüringens. München 2010.
- Steffen Raßloff: Der „Mustergau". Thüringen zur Zeit des Nationalsozialismus. München 2015.
- Steffen Raßloff: Mitteldeutsche Geschichte. Sachsen – Sachsen-Anhalt – Thüringen. Leipzig 2016.
- Thüringen-Handbuch. Territorium, Verfassung, Parlament, Regierung und Verwaltung in Thüringen 1920 bis 1995. Weimar 1999.

Die Rhino Westentaschen-Bibliothek

Neuerscheinungen
Sommer 2017

𝕽HINOVERLAG

ℛHINOVERLAG

Geschichte im Westentaschenformat

8 cm x 11,5 cm
96 Seiten

Steffen Raßloff
*Kleine Geschichte
der Stadt Erfurt*
Band 45
978-3-95560-045-7

Steffen Raßloff
*Kleine Geschichte
der Stadt Gotha*
Band 46
978-3-95560-046-4

5,95 €